BEI GRIN MACHT SICH IHR WISSEN BEZAHLT

Konzept eines digitalen Geschäftsmodells. Die Markt- und Wettbewerbsanalyse

Die Digitalisierung der Ersatzteilbeschaffung am Beispiel eines fiktiven Unternehmens

Maximilian Frickel

Bibliografische Information der Deutschen Nationalbibliothek:

Die Deutsche Nationalbibliothek verzeichnet diese Publikation in der Deutschen Nationalbibliografie; detaillierte bibliografische Daten sind im Internet über http://dnb.d-nb.de abrufbar.

ISBN: 9783346427472
Dieses Buch ist auch als E-Book erhältlich.

Druck und Bindung: Books on Demand GmbH, Norderstedt Germany
Gedruckt auf säurefreiem Papier aus verantwortungsvollen Quellen

Das vorliegende Werk wurde sorgfältig erarbeitet. Dennoch übernehmen Autoren und Verlag für die Richtigkeit von Angaben, Hinweisen, Links und Ratschlägen sowie eventuelle Druckfehler keine Haftung.

Das Buch bei GRIN: https://www.grin.com/document/1021487

GESCHÄFTSMODELL DER DIGITIZED REPLACEMENT GMBH

Projektarbeit

Gliederungsverzeichnis

1. Geschäftsmodell/ -aufbau der Digitized Replacement GmbH................................1

1.1 Ausgangspunkt..1

    1.1.1 Idee...2

1.2 Value Proposition 2

    1.2.1 Kunden 3

    1.2.2 Nutzen..3

1.3 Geschäftsstruktur...3

    1.3.1 Angebot...3

    1.3.2 Kommunikation und Vertrieb...5

    1.3.3 Produktion..6

    1.3.4 Kernfähigkeiten...7

    1.3.5 Partner..8

1.4 Ertragsmodell...8

    1.4.1 Kosten..8

    1.4.2 Einnahmen..8

1.5 Unternehmensgeist..9

2. Markt- und Wettbewerbsanalyse..9

2.1 Marktgröße...9

    2.1.1 Marktvolumen..9

    2.1.2 Marktwachstum...10

2.2 Konkurrenzanalyse..10

    2.2.1 Retromotion.com...11

    2.2.2 Kfzteile24.de...12

    2.2.3 liontunig-carparts.de..13

3. Literaturverzeichnis..15

1. Geschäftsmodell/ -aufbau der Digitized Replacement GmbH (DR)

Das Unternehmen Digitized Replacement GmbH (DR-GmbH) ist auf dem Markt der Ersatzteilbeschaffung und in der Ersatzteilherstellung von Kraftfahrzeugen aktiv. Um den Anforderungen der digitalen Geschäftswelt gerecht zu werden, soll ein Online-Shop eingerichtet werden. Grundlage dieser Implementierung ist das Konzept eines digitalen Geschäftsmodells sowie eine Marktanalyse. Diese beiden Schritte werden in folgender Arbeit dargestellt.

Um das Konzept eines digitalen Geschäftsmodells optimal darstellen zu können, ist eine Definition des Begriffs notwendig. Da es von diesem keine einheitlich wissenschaftliche Definition gibt, wird der Begriff zunächst in seine Bestandteile „Digital" und „Geschäftsmodell" aufgeteilt. Digital i.S. dieser Arbeit bedeutet der betriebswirtschaftliche Kontext, in welchem mittels Einsatzes von Informations- und Kommunikationstechnologie zur Durchführung von Geschäfts- und Wertschöpfungsprozessen.[1] Auch der Begriff „Geschäftsmodell" wird in folgender Arbeit ausschließlich betriebswirtschaftlich ausgelegt. Zu Grunde liegt die Definition von Treece, welcher ein Geschäftsmodell als „design or architecture oft he value creation, delivery, and capture mechanism" sieht.[2] Der Fokus liegt hierbei auf der Geschäftsidee eines Unternehmens, welche für den Profit sorgen soll. Durch den Betrachtungspunkt der Value Proposition ist dieser Punkt im Geschäftsmodell der DR von zentraler Bedeutung.

1.1 Ausgangspunkt

Um den genauen Geschäftsaufbau der DR-GmbH ersichtlich zu machen, wird in dieser Arbeit das von Stähler veröffentlichtest Schema zur Betrachtung des Geschäftsmodells angewendet, welches auf vier wesentliche Elemente basiert:[3]

1. Value Proposition

2. Geschäftsstruktur

3. Ertragsmodell

4. Unternehmensgeist

---

[1] Pflaum und Schulz, in: Digitale Geschäftsmodelle – Band 1, S.8
[2] Teece, S.172
[3] S. Stähler in: Kompendium Geschäftsmodell-Innovation, S.116 (Abbildung auf folgender Seite)

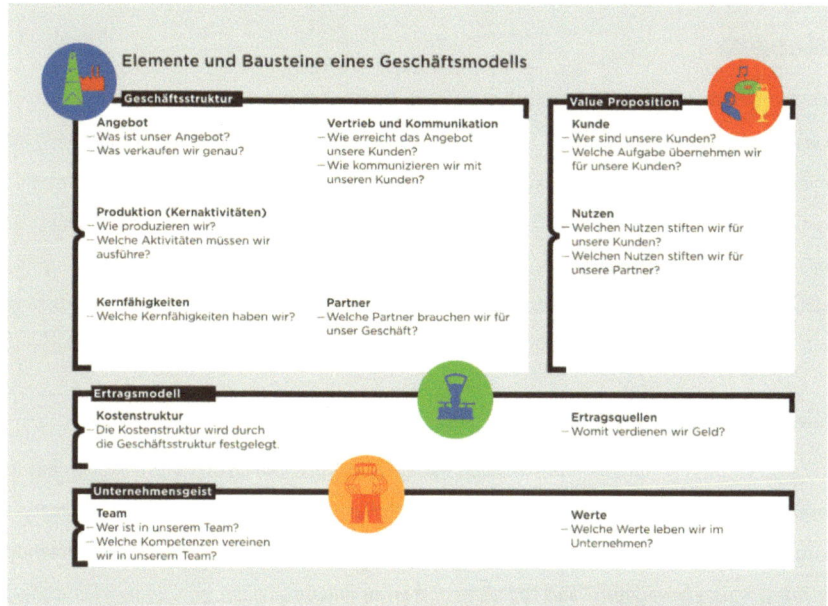

Abbildung 1: Elemente eines Geschäftsmodells nach Stähler[4]

1.1.1 Idee

Die Idee der DR-GmbH ist die Herstellung von kundenspezifischen Ersatzteilen für Automobile im Privatkundenbereich sowie der Ersatzteilbeschaffung im Geschäftskundenbereich. Die Herstellung der Ersatzteile für Privatkunden erfolgt über 3D-Drucker. Im Mittelpunkt des Verkaufs soll der Online-Shop stehen, über welchen Kunden mit dem Unternehmen in Kontakt treten und Käufe abwickeln. Ziel ist die Umsetzung des digitalen Geschäftsmodells entlang der gesamten Wertschöpfungskette.

1.2 Value Proposition

Die Value Proposition beinhaltet die Gesamtheit aller Produkte und Dienstleistungen, die für ein bestimmtes Kundensegment von Wert sind.[5] Die Value Proposition beantwortet also die Fragen: „Welches Versprechen bieten wir unseren Kunden an?" und „welches Problem lösen wir für unsere Kunden?". Um diese Fragen zu beantworten ist eine Segmentierung der Kunden und eine Analyse des Nutzens notwendig.

---

[4] Stähler, in: Kompendium Geschäftsmodell-Innovation, S.117
[5] Osterwalder/Pigneur, S. 23

1.2.1 Kunden

Die Kunden der DR-GmbH können zum einen in Unternehmen und Einzelpersonen aufgeteilt werden. Die beiden Märkte, B2B und B2C, unterscheiden sich sowohl in den Bedürfnissen als auch in den Anforderungen – während B2B-Geschäfte den Aufbau eines E-Procurement-Systems erfordert, benötigen B2C-Geschäfte den Aufbau eines E-Shops. Ziel der DR-GmbH ist die Implementierung eines E-Procurementsystems in einem Online-Shop.

Während als Kunden im B2B-Markt vor allem Werkstätten in Betracht kommen, fokussiert sich die DR-GmbH im B2C-Bereich vor allem auf Youngtimer- bzw. Oldtimerbesitzer.

1.2.2 Nutzen

Der Nutzen der Privatkunden bezieht sich vor allem auf das individualisierte Produkt, das in seiner Form vielleicht nicht mehr von den ursprünglichen Automobilunternehmen hergestellt wird. Somit kann der Kunde seinen Wagen weiterhin instand halten ohne selbst umfassende Recherche zum benötigten Fahrzeugteil betreiben zu müssen.

Der Nutzen der Unternehmenskunden liegt in der schnellen Produktion und Vertrieb, welcher mit dem Eingang eines Kaufangebots im Online-Shop automatisiert vollzogen wird.

1.3 Geschäftsstruktur

Die Basisarchitektur der Geschäftsstruktur der DR-GmbH basiert auf dem Gedanken einen elektronischen Mehrwert zu generieren. Grundlage hierfür ist die elektronische Verarbeitung von Kundenbedürfnissen, also die digitale Informationssammlung. Anschließend werden diese Informationen verarbeitet und letztendlich übertragen.[6]

1.3.1 Angebot

Neben dem herkömmlichen Angebot, also dem gewünschten Ersatzteil, muss dem Kunden im Sinne eines digitalen Geschäftsmodells auch ein elektronischer Mehrwert geboten werden. Diesen elektronischen Mehrwert liefert im Falle der DR-GmbH der Aufbau einer elektronischen Plattform (Online-Shop und E-Procurement). Im Allgemeinen basieren diese Plattformen auf den drei Grundbausteinen Information, Kommunikation und Transaktion auf

---

[6] Kollmann, Hensellek, Gläß, R., Leukert,B, (Hrsg.), Handel 4.0, S. 60

und können sich durch Gewichtung der einzelnen Bausteine unterscheiden.[7] Im Falle der DR-GmbH bietet sich eine Spezialisierung des Angebots auf die Bereiche Auswahl und Austausch, also die Implementierung eines E-Shops (mit Integration einer E-Community für beispielsweise Oldtimerfans) bzw. eines E-Procurements für Geschäftskunden.

Um die oben genannten Aspekte realisieren zu können, muss der Online-Shop der DR-GmbH folgenden Anforderungen gerecht werden:

Markt	Anforderungen
B2B – Markt	- Geschlossener User-Bereich - Abfrage von Online-Ausschreibungen - Abschluss von Rahmenverträgen - Implementierung dynamischer Preisbildungsverfahren - Nachfragebündelung der Einkäufer - Kommunikation mit Logistikzentrum - Aufbereitung und Pflege von Produktdaten - Erstellung Warenkorb, Übermittlung, Status - Benutzerverwaltung - Rechnungsstellung, Übermittlung, Status - Bonitätsprüfung, Bezahlung (E-Payment) - Analyse des Einkaufsverhaltens der verschiedenen Unternehmenseinkäufer
B2C – Markt	- Kaufanalyse -> Kaufberatung - Übersichtliche Produkt- und Preisinformation - Angebotserstellung - Bestell- und Kaufabwicklung - Zahlungsverkehr - Lieferung - After-Sale-Service (Empfehlen eines Kooperationspartners, Tutorials etc.) - Kundenbindung (E-Community)

Abbildung 2: Anforderungen der B2B- und B2C-Märkte

---

[7] Kollmann, Hensellek, Gläß, R., Leukert,B, (Hrsg.), Handel 4.0, S. 64

1.3.2 Kommunikation und Vertrieb

Kommunikation

In der Kommunikation mit B2C-Kunden als auch mit B2B-Kunden empfiehlt es sich den Online-Kommunikationsmix nach Kreutzer anzuwenden:

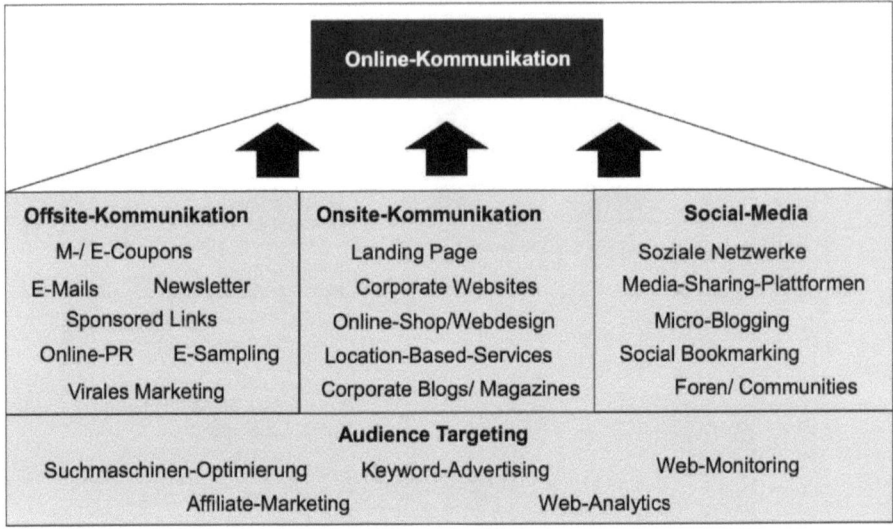

Abbildung 3: Online-Kommunikationsmix nach Kreutzer[8]

- Suchmaschinen-Optimierung (SEO): Methoden, die die Sichtbarkeit der Website (also dem Online-Shop) in den Suchmaschinenergebnissen verbessert.[9]
- Keyword-Advertising
- Web-Monitoring: Wissenschaftliche Analyse von Kommunikationsprozessen im Internet → Bewertung dieser Internetaktivitäten → Ableitung von Marketing- bzw. Kommunikationsstrategien
- Affiliate-Marketing:[10] Verlinkung der Produkte der DR-GmbH auf Websites der Partnerwerkstätten → im Gegenzug: Provision oder Rabatte für die Partner

---

[8] Kreutzer in: Becker, W., Eierle, B, Fliaster, A. (Hrsg.), Geschäftsmodelle in der digitalen Welt, S. 45
[9] Holtforth, in: Heinemann,G., Gehrckens H.M., Uly, J.W., (Hrsg.) Digitale Transformation oder digitale Disruption im Handel S. 23
[10] Heinemann, S. 117

- Web-Analytics: Auswertung von Besucher-, Kunden- und Transaktionsdaten mittels Online Analytical Proecssing (OLAP) oder Data-Mining-Methoden[11] → Rückschlüsse auf Kundenvorlieben/ Kundenbedürfnisse
- Im Bereich der direkten Kunden- bzw. Besucherkommunikation bietet das Instrument der „Robotic Process Automation (RPA)" den höchsten Grad an Effizienzsteigerung. Mithilfe des RPA können personalaufwendige Prozesse, wie Order-to-Cash oder Procure-to-Pay) automatisiert werden. So kann die RPA außerdem noch die Warenrückgaben steuern, den Bestand automatisch in den Datenbanken anpassen und den After-Sale-Service sowie den 24/7 Kundenservice übernehmen.

Vertrieb

Neben den beiden Formen des klassischen Vertriebshandels, dem stationären und dem Versandhandel, legt die DR-GmbH den Fokus vor allem auf den Online Handel. Grundgedanke hierbei ist ein elektronisches Warenangebot, wie auch eine elektronische Kaufabwicklung.[12] Durch die Nutzung des Klassischen- und Online-Vertriebs bedient sich die DR-GmbH dem sog. Multi-Channel-Vertrieb. Mittelfristiges Ziel der DR-GmbH ist eine Lead-Kanalstrategie über den Online-Handel. Langfristig soll der No-Line-Handel in das Geschäftsmodell der DR-GmbH implementiert werden. Ein No-Line-Handel liegt dann vor, wenn alle verfügbaren Kanäle integriert und vernetzt werden, also eine Verschmelzung von Online- und Offline-Welt vollzogen wird.[13] Beispiele für ein derartiges Format wäre ein Store-to-Web oder Web-in-Store-Konzept für den B2C-Markt. Dieses Format würde dem Trend zum ROPO, Research online – Purchase offline, Rechnung tragen. Zusammengefasst heißt das, dass Kunden online Informationen über das Produkt suchen, es aber im Laden kaufen.[14] Zu betonen an dieser Stelle ist, dass dieser Kanal allerdings nur eine Ergänzung zum ausschließlichen Online-Handel ist und diesen nicht ersetzen soll.

1.3.3 Produktion

Die Produktion im B2C-Geschäft erfolgt automatisiert über die Vernetzung der Beschaffungsprozesse von Geschäftspartner und der DR-GmbH. Der Online-Shop

---

[11] Kollmann, S. 295
[12] Opuchlik, S.24
[13] Heinemann, S. 10
[14] Heinemann, S.13

kommuniziert hier direkt mit den zur Herstellung beauftragten 3D-Druckern. Die Überprüfung und Freigabe erfolgt allerdings noch manuell.

1.3.4 Kernfähigkeiten

Die Kernfähigkeiten, welche einen erfolgreichen Online-Handle ausweisen muss, können von den Erfolgsfaktoren nach Heinemann abgeleitet werden:

Abbildung 4: 8-S-Erfolgsfaktoren im Online-Handel[15]

---

[15] Heinemann, S: 240

1.3.5 Partner

Als Partner kommen vor allem die bereits angesprochenen B2B-Kunden (Werkstätten) in Betracht. Die Gewinnung dieser Geschäftspartner erfolgt über die in Punkt 1.3.2 beschriebenen Kommunikationskanäle. Als weiter Schritt ist die Vernetzung über ein E-Procurementsystem notwendig, um die Vorteile der automatisierten Logistik abrufen zu können.

1.4 Ertragsmodell

1.4.1 Kostenstruktur

An diesem Punkt muss die DR-GmbH die Frage beantworten, welche Prozesse entlang der Wertschöpfungskette wie viel Geld kosten. Und ob diese Kosten variabel oder fix sind. Weitere Aspekte im Zusammenhang mit der Kostenstruktur der DR-GmbH:

- Kostengrößen, Kostenstruktur, Kostentreiber
  - o Kosten 3-Drucker (Bedienung, know-how, TÜV-Lizenzen)
  - o Materialkosten
- Investitions-, Betriebs-, Vermarktungskosten
- Cost per Click/ Customer/ Order
- Make-or-buy
- Konversionsrate (= Verhältnis von Besucher einer Website zu Käufer über die Website)

1.4.2 Ertragsquellen

Die Erlöse der DR-GmbH werden primär durch die Kernleistung, also dem Verkauf von erworbenen und selbstproduzierten Ersatzteilen generiert. Die Sekundärleistung, also das Betreiben einer E-Community und die damit einhergehende Datengewinnung, wird explizit nicht monetisiert. Somit werden die in der elektronischen Wertschöpfung generierten Informationen nicht wirtschaftlich genutzt.

Neben dem Erlösstrom über den Verkauf von Ersatzteilen kann die DR-GmbH noch die Möglichkeit nutzen über den Online-Shop Werbeplätze an Geschäftspartner zu vermieten, die nicht in demselben Markt aktiv sind wie die DR-GmbH.

1.5 Unternehmensgeist

Der Unternehmenswerte sollten auf folgenden drei Bausteinen ruhen:

- Identifikation mit dem Unternehmen, der Aufgabe im Unternehmen
- Flache Hierarchien
- Dynamisches Wachstum mit den Aufgaben/Technologien

2. Markt- und Wettbewerbsanalyse

Die Markt- und Wettbewerbsanalyse konzentriert sich vor allem auf den deutschen Markt, sekundär wird der europäische Markt allerdings berücksichtigt.

2.1 Marktgröße

Die Marktgröße ist das Marktvolumen als Summe der auf einem Markt realisierten Absatzmengen oder Umsätze.[16] Der relevante Markt als Teil des Gesamtmarktes, auf welchen die DR-GmbH die Marketingtätigkeiten ausrichtet, sind die in Punkt 1 bereits aufgezählten Privatkunden (Primär: Young- und Oldtimerbesitzer) als auch die Unternehmenskunden (Werkstätten).

2.1.1 Marktvolumen

Um das Marktvolumen des Online-Handels mit Ersatzteilen abbilden zu können müssen die Volumina von Online Transaktionen und Käufen von Ersatzteilen berücksichtigt werden.

Das folgende Diagramm zeigt den Umsatz im Bereich PKW-Aftermarket bis 2016.[17]

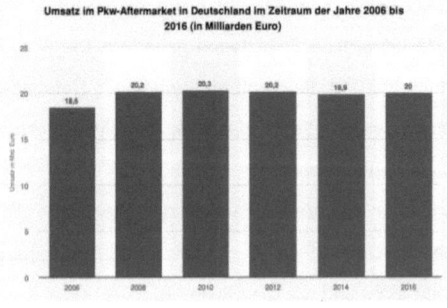

---

[16] Dillerup, Stoi, S. 251
[17] https://markuspartners.com/fileadmin/content/reports/170424-M%26A-Studie-Kfz-Teilehandel.pdf, S.4

Die DR-GmbH kann hierbei den gesamten Markt abdecken. Eine spezielle Marktsegmentierung ist durch das Partnergeschäft mit Unternehmenskunden nicht notwendig.

2.1.2 Marktwachstum

Nach dem McKinsey Report beziffert den das Marktpotenzial des PKW-Aftermarket im Jahre 2030 auf 1,2 Billionen US-Dollar.

Zeitgleich ist auch ein Wachstum der Nutzung von E-Commerce-Angeboten zu verzeichnen:

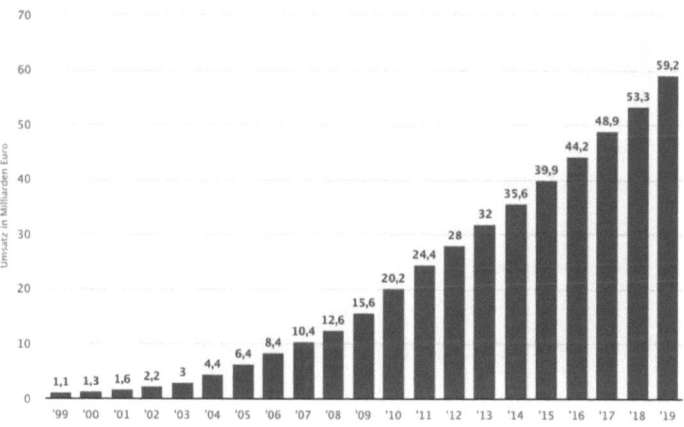

Abbildung 5: Umsatz des E-Commerce in Deutschland.[18]

Trotz der Berechnung seitens McKinsey und des Trends der Nutzung von E-Commerce kann noch kein sicheres langfristiges Marktwachstum garantiert werden. Die steigenden Absatzzahlen von E-Autos und dem Fakt, dass in einem solchen Auto deutlich weniger Fahrzeugkomponenten verbaut sind als in einem Auto mit Verbrennermotor, lassen noch keine langfristige Wachstumsprognose im PKW-Aftermarket zu.

2.2 Konkurrenzanalyse

In der Konkurrenzanalyse werden drei Unternehmen betrachtet, die auf dem gleichen Markt wie die DR-GmbH tätig sind:

---

[18] https://einzelhandel.de/index.php?option=com_attachments&task=download&id=10433, S.6

2.2.1. Retromotion.com

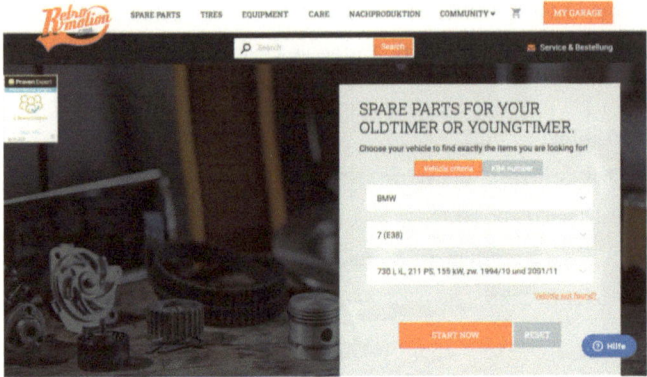

Abbildung 6: Website – Retromotion.com

- Zielmärkte: Privatkunden des deutschen PKW-Aftermarket
- Strategie zur Kundengewinnung, Kundenbewertung und Kundenbindung
  - Kundengewinnung über direkte Kommunikation (Mailinglist → Couponaktionen
  - Kundengewinnung über Verlinkung von Fachzeitschriften
  - Kundenbindung durch Implementierung einer E-Community
- Erlösmodelle:
  - Erlösstrom I: Verkauf/Vertrieb von eigenen Ersatzteilen bzw. Autozubehör
  - Erlösstrom II: Provision bei erfolgreicher Kundenvermittlung an einen Partner
- E-Procurement: nicht vorhanden
- E-Pricing und E-Payment
  - Eine dynamische Preisbildung ist bei retromotion.com nicht ersichtlich
  - Ein E-Payment ist über die Plattformen PayPal und Klarna realisiert
- Social Targeting
  - Bei retromotion.com sind sowohl die Kommunikationsprozesse als auch das Betreiben der E-Community inhaltlich auf Besitzer von Young- und/oder Oldtimer fokussiert
- Crowd-Shaping und Gamification: sowohl Elemente des Crowd-Shaping als auch der Gamification sind im vorliegenden Fall nicht ersichtlich
- Gesellschaftlicher Einfluss des Business Models auf die Branche: Durch das extrem große Netz an Partnern und der damit einhergehenden Möglichkeit jedes Problem des

Kundens wenigstens indirekt lösen zu können, übt retromotion.com Druck auf andere Online-Shops auf, ebenfalls Partnerschaften einzugehen.

2.2.2. Kfzteile24.de

Abbildung 7: Website - Kfzteile24.de

- Zielmärkte

  Als Zielmarkt kommen für kfzteile24.de Privatkunden als auch Unternehmenskunden in Betracht, die vornehmlich in Deutschland ihren Standort haben

- Strategie zur Kundengewinnung, Kundenbewertung und Kundenbindung:

  - Wie in der Abbildung zu sehen, ist das primäre Instrument der Kundengewinnung das Nutzen von Rabattierung bzw. E-Coupons, sowie das Sponsoring von Events (hier vor allem im Motorsportbereich)

  - Die Möglichkeit der Kundenbewertung bietet der Shop über eine entsprechende Mail nach jedem Kauf an

  - Die Kundenbindung erfolgt ebenfalls durch Mailinglists sowie eines 24/7 Serviceangebots und Rabattaktionen für User

- Erlösmodell

  - Erlösstrom I: Verkauf der eigenen Produkte an Kunden

  - Erlösstrom II: Provisionszahlungen von Drittanbietern (Bosch, Continental etc.) die den Shop als Verkaufsplattform nutzen

- E-Procurement: über den B2B-Kundenbereich können Händler direkt Aufträge einreichen bzw. Angebote einholen
- E-Pricing und E-Payment
    - Ein dynamische Preisgebung ist realisiert. Befinden sich Produkte zu lange auf der Plattform werden automatisch Preise gesenkt bzw. Rabattaktionen eingeführt
    - Realisierung von E-Payment über verschiedene Zahlungsdienstleister
- Social Targeting: nicht ersichtlich
- Crowd-Shaping und Gamification: nicht ersichtlich
- Gesellschaftlicher Einfluss des Business Models auf die Branche:
  Aufgrund der Marktführung beeinflusst Kfzteile24.de die Branche auf allen Ebenen. Vor allem zu berücksichtigen sind die dynamischen Preisbildungen, die Reichweitengenerierung durch Events und dessen Sponsoring sowie die Zusammenarbeit mit Premiumpartnern

2.2.3. liontuniq-carparts.de

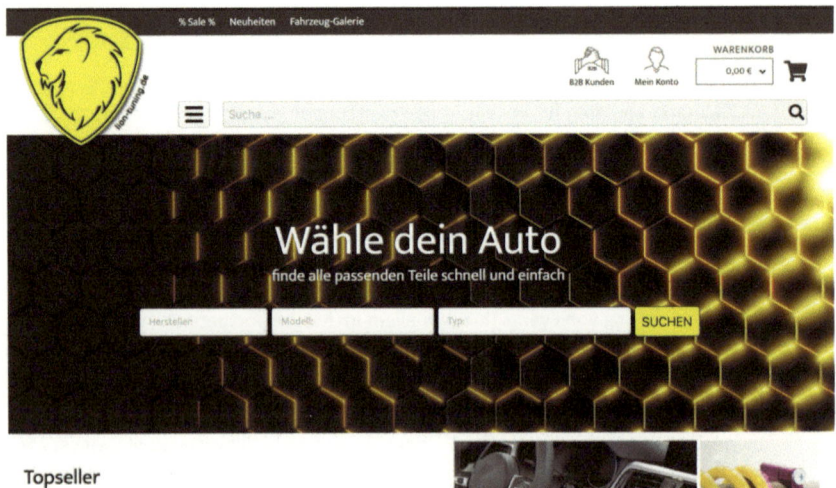

Abbildung 8: Website liontuning-carparts.de

- Zielmärkte: Privatkunden des deutschen Marktes im Bereich Freizeit und Sport

- Strategie zur Kundengewinnung, Kundenbewertung und Kundenbindung

  o Kundengewinnung primäre über Social-Media-Marketing und Suchmaschinenoptimierung mit Fokus auf „Tuning"-Begriffe

- Erlösmodell nach dem Singular-Prinzip → Erlöse über den Verkauf von Produkten

- E-Procurement → über den B2B-Kundenbereich können Händler direkt Aufträge einreichen bzw. Angebote einholen

- E-Pricing und E-Payment: Lediglich Realisierung eines E-Payments über den Zahlungsdienstleister PayPal

- Social Targeting: das Online-Marketing fokussiert sich vor allem auf das Kundessegment der „Tunerszene"

- Crowd-Shaping und Gamification:

  o Crowd-Shaping Ansatz: liontunig-carparts.de veröffentlicht die mit ihren Ersatzteilen durchgeführten Umbauten auf ihrer Website. Sie bieten hierbei die Produkte an und wollen auch Verbesserungsvorschläge bzw. Feedback generieren

- Gesellschaftlicher Einfluss des Business Models auf die Branche: Die Einbeziehung des Kunden im Marketing-Prozess (Darstellung der PKW auf Social Media als auch auf der Website) generiert authentische Werbung und Reichweite und bringt gleichzeitig Kundenzufriedenheit zum Ausdruck. Ein Instrument das hinsichtlich der Kundenbindung enormen Einfluss auf die Branche hat

Wörteranzahl: 1984

3. Literaturverzeichnis

- **Schallmo** (Hrsg.), Kompendium Geschäftsmodell-Innovation, Springer-Gabler-Verlag, Wiesbaden 2014, *zitiert als Stähler in: Schallmo (Hrsg.) Kompendium Geschäftsmodell-Innovation*

- **Becker, W., Eierle, B, Fliaster, A.** (Hrsg.), Geschäftsmodelle in der digitalen Welt, Springer-Gabler-Verlag, Bamberg 2018: *zitiert als Kreutzer in: Becker, W., Eierle, B, Fliaster, A. (Hrsg.), Geschäftsmodelle in der digitalen Welt*

- **Dillerup, R., Stoi, R.** Unternehmensführung, Vahlen-Verlag, 5.Auflage, München 2015

- **Gläß, R., Leukert,B,** (Hrsg.), Handel 4.0, Die Digitalisierung des Handels, Springer-Gabler-Verlag, Heidelberg 2017, *zitiert als: Kollmann, Hensellek, in: Gläß, R., Leukert,B, (Hrsg.), Handel 4.0*

- **Heinemann, G.**, Der neue Online-Handel, 11. Auflage, Springer-Gabler-Verlag, Wiesbaden 2020

- **Heinemann,G., Gehrckens H.M., Uly, J.W.,** (Hrsg.), Digitale Transformation oder digitale Disruption im Handel, Springer-Gabler-Verlag 2016

- **Holforth**, D.G, Schlüsselfaktoren im E-Commerce, Springer-Gabler-Verlag, Wiesbaden 2017

- **Meinhardt, S., Pflaum, A. (Hrsg)**, Digitale Geschäftsmodelle – Band 1, Springer Vieweg-Verlag, Nürnberg 2019, *zitiert als: Pflaum und Schulz, in: Digitale Geschäftsmodelle – Band 1*

- **Osterwalder, A. Pigneur Y.**, Business model generation: a handbook for visionaries, game changer and challangers, Wiley 2010

- **Schallmo** (Hrsg.), Kompendium Geschäftsmodell-Innovation, Springer-Gabler-Verlag, Wiesbaden 2014, *zitiert als Stähler in: Schallmo (Hrsg.) Kompendium Geschäftsmodell-Innovation*

- **Teece, D.J.,** Business models, business strategy and innovation. Veröffentlicht in: Long Range Planning, 2010

Internetquellen:

- https://markuspartners.com/fileadmin/content/reports/170424-M%26A-Studie-Kfz-Teilehandel.pdf (zuletzt aufgerufen: 26.09.2020)
- https://einzelhandel.de/index.php?option=com_attachments&task=download&id=10433 (zuletzt aufgerufen: 26.09.2020)

BEI GRIN MACHT SICH IHR WISSEN BEZAHLT

- Wir veröffentlichen Ihre Hausarbeit,
  Bachelor- und Masterarbeit

- Ihr eigenes eBook und Buch -
  weltweit in allen wichtigen Shops

- Verdienen Sie an jedem Verkauf

Jetzt bei www.GRIN.com hochladen
und kostenlos publizieren